AF331594

ASSOCIATION LIBÉRALE

Pour la Défense du Travail et du Commerce français

Monsieur,

Le nouveau régime économique sous lequel la France vient d'être placée par les protectionnistes entraînera les plus funestes conséquences à l'intérieur comme à l'extérieur. A l'intérieur, il diminuera le travail national et l'esprit d'entreprise, il chargera lourdement le consommateur. A l'extérieur, il nous dépossédera, au moins partiellement, des marchés et des débouchés que nous avions lentement conquis et peut créer des dangers politiques en affaiblissant les sympathies des peuples qui nous entourent.

Il s'agit de réagir sans perdre un instant contre une politique aussi dangereuse et de préparer dès à présent les esprits à revenir à l'état de choses qui a fait de 1860 à 1892 la période la plus prospère qu'ait jamais connue le travail national, malgré les fléaux exceptionnels et les guerres qui n'ont pas permis de recueillir tous les bienfaits d'un régime économique modérément et sagement libéral.

Il faut rendre au parti protectionniste la justice qu'il a mis la plus grande et la plus persévérante activité à reconquérir l'opinion publique. Dès le lendemain du régime inauguré en 1860, c'est-à-dire dès le lendemain de sa défaite, le parti protectionniste s'organisait pour prendre sa revanche; par l'action de ses associations, de ses journaux et de ses syndicats, il agissait sans relâche sur l'opinion et ainsi la ramenait à lui. Le parti libéral au contraire, toujours vaillant au moment du danger, n'a su créer aucune organisation permanente pour soutenir la lutte de chaque jour et préparer le succès.

Nous avons voulu prévenir le retour de pareilles fautes, en fondant
dès maintenant une Association dont nous vous prions de bien vouloir
faire partie.

Cette Association est dénommée :

ASSOCIATION LIBÉRALE

Pour la Défense du Travail et du Commerce français.

Elle se propose tout d'abord de faire une campagne énergique en
faveur de traités de commerce ou de conventions commerciales, compor-
tant des concessions sur notre tarif minimum, que le Gouvernement
s'est réservé le droit de proposer au Parlement, et de sauvegarder ainsi,
dans toute la mesure du possible, les intérêts de notre industrie et de
notre commerce d'exportation.

Provoquant la revision de nos tarifs douaniers, l'Association fait
appel à tous ceux que ces tarifs atteignent dans leurs intérêts, dans leur
consommation ; ce sont nos alliés naturels. Elle recueille et donne la
plus large publicité à toutes les revendications, à toutes les plaintes ;
elle relève d'une manière infatigable tous les dommages causés par les
tarifs douaniers de 1892, de quelque nature que soient ces dommages.

Les protectionnistes ont souvent accusé leurs adversaires d'être des
théoriciens ou des utopistes. Nous connaissons le peu de valeur de ce
reproche ; nous sommes fiers de compter à notre tête des hommes qui
honorent la France par leur science et par leur incomparable talent ;
mais, puisque leur concours ne fera jamais défaut, nous avons pu songer
à recruter les membres de notre Association surtout parmi ceux qui s'oc-
cupent, d'une manière pratique, des travaux de l'industrie, du commerce, de l'agriculture, ou parmi les représentants de ligues ou de syndicats poursuivant un but analogue.

Les statuts de l'Association sont les suivants :

ASSOCIATION LIBÉRALE
POUR LA DÉFENSE DU TRAVAIL ET DU COMMERCE FRANÇAIS

Art. 1er. — Il est fondé, à Paris, une « **Association Libérale pour la défense du travail et du commerce français** ».

Art. 2. — A cette Association seront reliées toutes les *Sociétés régionales* poursuivant un but analogue, et qui pourront prendre des titres à leur convenance.

Art. 3. — Aux Sociétés régionales, à leur tour, seront reliées les *Sociétés locales* de chaque région.

Art. 4. — L'Association centrale exerce son action, à Paris, par les soins d'un Comité exécutif, et, en province, par ceux des Comités régionaux.

Art. 5. — Le Comité exécutif de l'Association est nommé pour cinq ans. Il est composé d'un président, de vice-présidents et de membres délégués par les Comités régionaux.

Art. 6. — Les ressources de l'Association centrale lui proviennent de dons, souscriptions, etc.

Les souscripteurs de l'Association libérale s'engagent, pour une PÉRIODE DE CINQ ANNÉES, aux versements annuels suivants :

Membres d'honneur : MILLE FRANCS.

Membres fondateurs : DEUX CENTS FRANCS.

Membres associés : CINQUANTE FRANCS.

Membres adhérents : CINQ FRANCS.

Art. 7. — Les Sociétés régionales et locales assureront leur fonctionnement par le prélèvement de 20 pour cent sur les souscriptions qu'elles auront recueillies pour le compte de l'Association centrale.

Art. 8. — Avec ses ressources, l'Association centrale assure la propagande et la publicité, soit par des conférences et réunions à Paris et surtout dans les départements, soit par des articles de presse et enfin par la publication d'une feuille spéciale.

Art. 9. — Le Comité exécutif de l'Association centrale se réunira aussi souvent que le croira utile son président, et, en tout cas, au moins une fois tous les trois mois.

L'Association centrale sera convoquée en assemblée plénière au moins une fois par année.

Art. 10. — Les avantages suivants sont assurés à TOUS les membres de l'Association centrale :

1° Ils recevront gratuitement l'un des journaux, organes de l'Association ; 2° Une salle de réunion sera mise a leur disposition, au siège de l'Association, dans un quartier central de Paris ; 3° l'Association fournira tous les renseignements sur les questions de tarifs, de traités, etc.

Nous espérons, Monsieur, que, devant tous les périls qui menacent le travail et la prospérité de notre pays, nous pouvons compter sur votre généreux et énergique appui.

Aynard, député du Rhône, président de la *Chambre de commerce de Lyon*, **Président;** Poirrier, sénateur de la Seine, ancien président de la *Chambre de commerce de Paris;* Raynal, député de la Gironde; J. Charles-Roux, député de Marseille; Cousté, président de la *Chambre de commerce de Paris;* Roy, ancien président de la *Chambre de commerce de Paris;* Permezel, membre du *Conseil supérieur du commerce,* membre de la *Chambre de commerce de Lyon;* A. Féraud, président de la *Chambre de commerce de Marseille;* Lalande, ancien député, ancien président de la *Chambre de commerce de Bordeaux;* Petitpont, vice-président du *Syndicat général des cuirs et peaux de la France,* **Vice-Présidents;** Grangeorge, membre de la *Commission permanente des valeurs en douane,* à Paris; Suilliot, membre de la *Chambre de commerce de Paris;* Isaac, membre de la *Chambre de commerce de Lyon;* Pila, membre de la *Chambre de commerce de Lyon;* Araud, président de la *Chambre syndicale de la fabrique Lyonnaise;* Arnavon, président de la *Ligue populaire pour la vie à bon marché de Marseille;* G. Borelli, membre de la *Chambre de commerce de Marseille,* vice-président du *Comité de défense des intérêts commerciaux, industriels et maritimes;* Cyprien Fabre, président honoraire de la *Chambre de commerce de Marseille;* Ch. Gros, président du *Comité de défense des intérêts commerciaux, industriels et maritimes de Marseille;* Th. Rodocanachi, membre de la *Chambre de commerce de Marseille,* vice-président du *Comité de défense des intérêts commerciaux, industriels et maritimes;* Marc Maurel, président de la *Société d'Économie politique de Bordeaux;* Anglade, secrétaire général de la *Ligue Bordelaise;* Clouzet, conseiller général de Pessac (Gironde); Forest, vice-président de la *Chambre syndicale des fabricants de rubans, Saint-Étienne;* M. Giron, membre de la *Chambre de commerce de Saint-Étienne;* P. Staron, président de la *Chambre syndicale de la fabrique stéphanoise;* François Gillet, membre de la *Chambre de commerce de Saint-Étienne;* Jury, président du *Syndicat des fabricants de lacets de Saint-Chamond,* **Membres.**

Paris — Typ. A DAVY, 52, rue Madame. — Téléphone

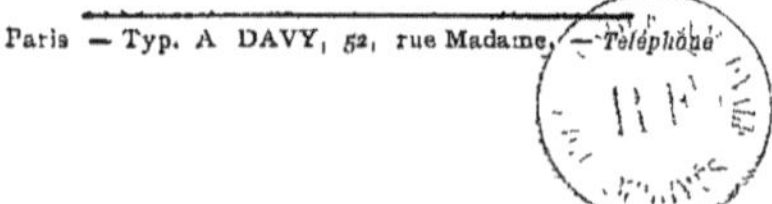

FÉDÉRATION

DES SOCIÉTÉS ALSACIENNES-LORRAINES DE FRANCE
ET DES COLONIES

PROCÈS-VERBAL

De la réunion des Délégués des Sociétés Alsaciennes-Lorraines

TENUE LE SAMEDI 23 AVRIL 1892

A PARIS

CONSTITUTION DE LA FÉDÉRATION

SIÈGE DU COMITÉ :
91, BOULEVARD MALESHERBES, 91
PARIS

PROCÈS-VERBAL

De la Réunion des Délégués des Sociétés Alsaciennes-Lorraines

TENUE LE SAMEDI, 23 AVRIL 1892

AU GRAND GYMNASE HEISER, 34, RUE DES MARTYRS

A PARIS

CONSTITUTION DE LA FÉDÉRATION

DES SOCIÉTÉS ALSACIENNES-LORRAINES DE FRANCE
ET DES COLONIES

1ʳᵉ ASSEMBLÉE DES DÉLÉGUÉS

I. — Appel des Sociétés. — Vérification des pouvoirs des Délégués.

A neuf heures précises, M. SANSBŒUF, de Paris, et M. VUILLAUME, d'Orléans, auteurs du projet de la Fédération, prennent place au bureau.

M. SANSBŒUF invite son collègue à faire l'appel des Sociétés alsaciennes-lorraines, au nombre de *trente quatre*, qui avaient été convoquées à la réunion. Il constate la représentation de *quatorze* d'entre elles et procède à la vérification des pouvoirs des Délégués.

Les Sociétés représentées sont (par ordre alphabétique de leur nom) :

1. — *L' « Alsace-Lorraine »* (Société de Secours mutuels des Alsaciens Lorrains), de Saumur (Maine-et-Loire), représentée par M. BERGER (Jean).

2. — *L'Alsace - Lorraine*, d'Angers (Maine - et - Loire), représentée par M. VUILLAUME.

3. — *L'Alsacienne « Quand-même! »*, société de gymnastique de Belfort Haut-Rhin), représentée par M J. SANSBŒUF.

4. — *L'Association amicale des Alsaciens-Lorrains* d'Avignon, (Vaucluse), représentée par M. MAIRE (Albert).

5. — *La Chorale Alsacienne*, de Paris, représentée par M. Ch. SCHLAEBER.

6. — *La Colmarienne*, de Paris, représentée par M. FIGENWALD.

7. — *Les Patriotes de la Moselle*, de Paris, représentée par M. DIETZ.

8. — *La Société des Alsaciens-Lorrains en Tunisie*, de Tunis (régence de Tunis), représentée par M. Ch. NERLINGER.

9. — *La Société amicale de la Vallée de Sainte-Marie-aux-Mines*, de Paris, représentée par M. KARL.

10. — *La Société de prévoyance et de Secours mutuels des Alsaciens-Lorrains*, de Paris, représentée par M. J. BIÈS.

11. — *La Société de Réintégration des Alsaciens-Lorrains*, de Paris, représentée par M. WAHL.

12. — *La Société de Secours mutuels d'Alsace-Lorraine*, de Nantes (Loire-Inférieure), représentée par M. DIMANCHE.

13. — *La Société de Secours mutuels des Alsaciens-Lorrains*, de Paris, représentée par M. A. SEYFRIED.

14. — *L'Union musicale Alsacienne-Lorraine*, de Paris, représentée par M. WAGNER.

Le *Comité d'Alsace-Lorraine* à Lunéville et la *Société des Alsaciens-Lorrains habitant le Gard*, de Nîmes, qui ont adhéré en principe à la Fédération, n'avaient envoyé aucun délégué pour les représenter.

Assistent également à la réunion plusieurs membres des Sociétés alsaciennes-lorraines de Paris, notamment le président de la *Société de Gymnastique Alsacienne-Lorraine*, M. Schenkel, qui déclare avoir mission d'assister aux délibérations de l'assemblée mais sans pouvoir donner l'adhésion de ·sa société au principe de la Fédération.

M. SANSBŒUF donne acte de cette déclaration à M. Schenkel.

**
*

La vérification des pouvoirs des délégués effectuée, M. SANSBŒUF déclare l'assemblée régulièrement constituée. Il demande aux délégués présents de constituer leur bureau. Sont désignés :

M. SANSBŒUF, de Paris, comme président ;

MM. VUILLAUME, d'Orléans, et BIÈS, de Paris, comme assesseurs.

En quelques mots, le président rappelle le but de la réunion : « Il ne s'agit « plus de mettre en discussion le principe de la Fédération. Les délégués nommés

« ont pour mission de discuter et de voter les statuts, ainsi que de nommer le Comité
« central de la Fédération. Le moment n'est plus aux discussions oiseuses, mais à
« la besogne utile ; il est temps de trouver une solution à la question de Fédéra-
« tion, posée depuis longtemps. Depuis plusieurs mois, les Sociétés alsaciennes-
« lorraines sont en possession du projet de statuts que M. Vuillaume et moi leur
« avons présenté. Elles ont eu le temps de l'examiner, de l'étudier, et, à l'heure
« actuelle, les délégués présents, mandataires de ces Sociétés, doivent être à
« même de se prononcer en connaissance de cause sur l'adoption ou le rejet de
« tel ou tel article des statuts.

2° Vote sur le
principe de la
Fédération.

« Mais, avant de passer à la discussion des articles des statuts qui vous sont
« proposés, et pour nous conformer à l'ordre du jour établi, je vais prier MM. les
« délégués d'émettre un vote sur le principe de la Fédération ».

L'assemblée, consultée, vote à l'*unanimité* le principe de la Fédération.

* *

3° Discussion
des Statuts
et adoption
définitive.

M. VUILLAUME, l'un des assesseurs, donne ensuite lecture de l'avant-projet
des statuts qui a été adressé à toutes les Sociétés alsaciennes-lorraines.

Après une discussion très complète et très courtoise, qui indique le désir des
délégués présents de donner une forme définitive à l'œuvre projetée, le président
met successivement aux voix, article par article, le projet de MM. Sansbœuf et
Vuillaume avec les modifications, additions ou retranchements indiqués par
l'assemblée.

Au cours de la discussion, M. Ch. SCHLAEBER, directeur de l'*Alsacien-Lorrain*, a
demandé la suppression de tous les passages du projet relatifs au journal. Il déclare
que l'*Alsacien-Lorrain* a toujours donné son concours entier et désintéressé à
toutes les œuvres alsaciennes et lorraines, sans distinction, et qu'il le continuera
comme par le passé.

Puis, l'ensemble du projet ainsi amendé est mis aux voix et voté à l'unanimité
des délégués présents.

Voici le texte de ces statuts :

Constitution

ARTICLE PREMIER. — Sous le titre de *Fédération des Sociétés Alsaciennes-
Lorraines de France et des Colonies* se groupent, en un seul faisceau, à
partir de ce jour, toutes les Sociétés Alsaciennes-Lorraines légalement
constituées, qui adhèrent aux présents statuts.

But

ART. 2. — La Fédération a pour but :

1°. — De créer un lien fraternel entre toutes les Sociétés alsaciennes-
lorraines existantes, d'amener par ces relations une unité d'action et de
propagande et une entente cordiale sur toutes questions d'ordre général
qui peuvent intéresser ces Sociétés et leurs Membres ;

2°. — D'aider à la création et au développement de toutes les Sociétés alsaciennes-lorraines en province et dans les colonies, constituées dans un but de mutualité, de bienfaisance ou de propagande patriotique ;

3°. — D'étudier toutes les questions qui peuvent intéresser les Français originaires des pays annexés qui sont en règle vis-à-vis des lois militaires françaises ou qui auraient fait des démarches légales dans ce but.

Composition de la Fédération

ART. 3. — La Fédération se compose de *Sociétés* et de *Membres honoraires*.

ART. 4. — Font partie de la Fédération, les Sociétés alsaciennes-lorraines composées d'au moins *vingt-un* membres actifs et qui auront été admises par un vote du Conseil.

ART. 5. — Sont nommées *Membres honoraires* les personnes qui désirent seconder l'œuvre de la Fédération.

On peut être à la fois membre honoraire d'une Société alsacienne-lorraine et de la Fédération.

Admission

ART. 6. — Pour être admises dans la Fédération, les Sociétés doivent en faire la demande par écrit au Comité central et lui envoyer :

1° Leurs statuts et règlement ;

2° Le nombre de leurs membres actifs et honoraires ;

3° La composition de leur Comité ou conseil d'administration ; les noms, prénoms et adresse de chacun des membres de ce Comité ou de ce conseil ;

4° L'adresse du siège social et l'indication des jours et heures de réunion ;

5° Une copie certifiée conforme de l'arrêté (préfectoral ou ministériel) qui a autorisé la constitution de la Société.

ART. 7. — Les Sociétés et les Membres honoraires sont reçus dans la Fédération par le Comité central sur la présentation de *deux* membres du Comité de la Fédération.

Toutes les admissions doivent être ratifiées par le Conseil.

ART. 8. — Pour être admis dans la Fédération, il faut obtenir les *deux tiers* des voix des Membres présents.

Exclusion

ART. 9. — Motifs pouvant entraîner l'exclusion :

1°. — Si la Société poursuit un but autre que celui de servir la cause alsacienne-lorraine ou les intérêts des annexés ;

2°. — Si, à plusieurs reprises, elle a enfreint les présents statuts.

Art. 10. — L'exclusion ne peut être prononcée que par le Conseil, à la majorité des deux tiers des voix.

Toute Société dont l'exclusion aura été proposée, sera prévenue un mois avant la réunion du Conseil, afin qu'elle puisse présenter sa défense, si elle le juge convenable.

Les mêmes motifs d'exclusion sont applicables aux membres isolés de la Fédération.

Cotisation

Art. 11. — La cotisation due par chacune des Sociétés composant la Fédération est fixée à **20** francs par an et par délégué au Conseil.

Art. 12. — Les membres honoraires paient une cotisation *minimum* de **12** francs ; ils ont le droit d'assister aux réunions du Conseil et ont voix consultative.

Art. 13. — Le paiement de la cotisation se fait d'avance et par semestre, le 30 juin et le 31 décembre de chaque année et ce, sans frais pour la Fédération.

Art. 14. — Le non-paiement pendant deux semestres consécutifs peut entraîner l'exclusion.

Administration

Art. 15 — La Fédération des sociétés alsaciennes-lorraines de France et des Colonies est régie par un Comité central qui a son siège à Paris et par un Conseil.

Le Conseil est composé du Comité central, des présidents et des délégués des sociétés.

Une société de 21 à 100 membres est représentée au Conseil par son président et un délégué ; une société de 101 à 500 membres, par son président et 2 délégués ; une société de 501 à 1000 membres et au-dessus, par son président et 3 délégués.

Art. 16. — Le Comité central se réunit obligatoirement une fois par mois.

Le Conseil se réunit obligatoirement une fois par an.

Art. 17. — Sur la demande d'un tiers au moins des Sociétés associées, une réunion extraordinaire du Conseil doit être provoquée par le Comité central ; celui-ci peut toujours, d'office, faire semblable convocation.

Art. 18. — L'affiliation des Sociétés à la Fédération ne modifie en rien l'administration et l'organisation spéciale de ces Sociétés. Celles-ci conservent toute leur autonomie ; elles ne sont rattachées à la Fédération que par le lien moral d'une communauté d'origine, d'intérêts, de regrets et d'espérances patriotiques.

Art. 19. — Le Comité central est élu en Conseil de la Fédération. Il se compose de 18 membres dont *un tiers au moins* sera choisi parmi les représentants des Sociétés des départements.

Ce Comité comprend :
Un Président,
Trois Vice-présidents,
Un Secrétaire-général,
Un Secrétaire,
Un Trésorier,
Et Onze Membres.

Nul ne peut être élu membre du Comité central s'il n'est Alsacien-Lorrain de naissance, s'il n'a satisfait à la loi sur le recrutement et s'il ne jouit de ses droits civils et civiques.

Toutes les fonctions des membres du Comité sont gratuites.

ART. 20. — Le Président, un Vice-président, les deux Secrétaires, le Trésorier et quatre Membres seront choisis de préférence à Paris ou dans la région.

Les Membres du Comité central habitant la province peuvent voter par correspondance.

Le Comité central est élu pour une année et renouvelable *par tiers* à l'expiration de chaque exercice.

Les Membres sortants sont désignés par voie de tirage au sort ; ils sont rééligibles.

ART. 21. — Les élections ont lieu au scrutin nominal et à la majorité des Membres présents ; au deuxième tour, la majorité relative est suffisante.

Il sera pourvu aux vacances qui pourraient se produire dans le cours de la période annuelle, par un vote du Comité central qui fera ratifier son choix par le plus prochain Conseil.

ART. 22. — Le Comité central s'occupe des affaires courantes de la Fédération ; il la représente vis à-vis des tiers, veille à sa gestion financière et prend toutes les mesures qui ne sont pas du ressort du Conseil.

Le Comité central est chargé de l'admission des Sociétés et des Membres honoraires. Il doit se mettre en rapport avec les Sociétés, examiner toutes les demandes qui lui seront faites par elles, envoyer un ou plusieurs délégués aux cérémonies patriotiques qu'elles pourraient organiser, s'occuper enfin des intérêts supérieurs des Alsaciens-Lorrains qui ont dû quitter les pays annexés.

ART. 23. — Le Comité central présente à l'approbation du Conseil, à chacune de ses réunions, un rapport sur la situation morale, administrative et financière de la Fédération.

ART. 24. — Le Président du Comité central préside de droit le Conseil ; il est le représentant officiel de la Fédération. Il dirige les séances et veille à l'observation rigoureuse des statuts. En cas de partage égal des voix dans les votes, la sienne est prépondérante.

En cas d'absence ou d'empêchement, le Président est remplacé par l'un des Vice-présidents de Paris ou, à son défaut, par le Vice-président de la province.

Le Président fera connaître à l'autorité compétente les modifications qui viendront à se produire dans la composition du Comité central. Il lui adressera chaque année le compte-rendu moral et financier de la Fédération ainsi que l'effectif des membres de chacune des Sociétés adhérentes.

ART. 25. — Le Secrétaire-général est chargé de la correspondance, des convocations et de la rédaction des procès-verbaux des réunions du Comité central et du Conseil.

Les lettres écrites par lui doivent être contresignées par le Président chaque fois que ce dernier le jugera nécessaire.

Le Secrétaire aura, sous sa responsabilité, la garde des archives dont il devra dresser inventaire.

ART. 26. — Le Trésorier est chargé de toutes les dépenses, des recettes et de la comptabilité de la Fédération. Toute dépense dépassant la somme de *vingt francs* devra être ordonnancée par le Secrétaire-général et approuvée par le Président.

ART. 27. — Dans ses réunions, le Conseil s'occupe :

1°). De l'examen du rapport annuel du Comité central;

2°). De l'élection des membres du Comité ;

3°). Des propositions indiquées à l'ordre du jour;

4°). Enfin, de toutes les questions dont il croira devoir se saisir.

ART. 28. — Les discussions autres que celles concernant nos revendications, sont formellement interdites dans les réunions.

ART. 29. — Le Conseil prend toutes ses décisions à la majorité absolue des voix, sauf en ce qui concerne la révision des statuts (voir art. 39).

ART. 30. — Les décisions sont valables quel que soit le nombre des délégués présents, pourvu que les Sociétés aient reçu l'ordre du jour de la réunion *quinze* jours à l'avance.

ART. 31. — Un délégué au Conseil ne peut pas représenter plus *d'une* Société.

Dispositions générales

ART. 32. — En dehors de la réunion du Conseil, la Fédération des Alsaciens-Lorrains de France et des Colonies réunira tous les ans, à Paris, dans un banquet, tous les membres de la Fédération. Ce banquet coïncidera avec la réunion annuelle du Conseil afin de permettre à tous les délégués d'y assister.

Le Comité devra se pourvoir d'une autorisation spéciale pour chacune de ses réunions générales.

ART. 33. — Les Sociétés associées s'engagent à se faire représenter à la réunion annuelle du Conseil par un de leurs membres, muni des pleins pouvoirs de la Société.

Art. 34. — Le produit des cotisations sera employé à la gestion de la Fédération, aux frais de déplacement des délégués du Comité central aux cérémonies patriotiques, à aider les Sociétés Alsaciennes-Lorraines dans le besoin et, en général, à subvenir aux dépenses occasionnées pour la réalisation du but indiqué par l'art. 2 des présents statuts.

Art. 35. — En cas de dissolution, les sommes ou valeurs en caisse ainsi que le matériel subsistant, recevraient telle destination que déciderait la majorité des délégués, sous cette réserve expresse qu'ils ne pourraient, en aucun cas, tourner au profit personnel des Sociétés.

Art. 36. — Sera portée à l'ordre du jour des réunions du Conseil, toute proposition appuyée par une Société et adressée *par écrit* au Comité central, six semaines au moins avant le jour de l'assemblée générale.

Art. 37. — Les Sociétés adhérentes doivent faire parvenir au Comité central, à mesure qu'ils se produisent, les changements qu'elles apportent, soit dans leurs statuts, soit dans la composition de leur Comité.

Art. 38. — Les Membres des Sociétés adhérentes peuvent assister à la réunion du Conseil.

Art. 39. — Les présents statuts ne peuvent être revisés que sur la demande d'*un tiers* des Sociétés adhérentes ou sur l'initiative du Comité central, appuyée par *un quart* des Sociétés. Cette revision ne pourra être valable que si elle réunit les *trois quarts* des voix des délégués présents à la réunion spécialement organisée à cet effet.

Les modifications qui y seront apportées devront, avant leur mise en vigueur, être soumises à l'approbation de l'administration compétente.

*
* *

La réunion consultée sur le point de savoir s'il fallait remettre au lendemain la continuation de l'ordre du jour, vu l'heure avancée, il est décidé, sur l'observation de quelques délégués, que l'Assemblée épuiserait son ordre du jour par l'élection du Comité central.

Après une suspension de séance de quelques minutes, pour permettre aux délégués de se consulter sur le choix des candidats aux diverses fonctions, l'Assemblée procède à l'élection du Comité central, pour l'exercice 1892-1893.

Sont élus :

Président : .... M. J. SANSBŒUF, de Paris.

Vice présidents : ....
MM. VUILLAUME, d'Orléans, ancien président, président d'honneur de la Société l'*Alsace-Lorraine*, d'Angers ;

J. BIÈS, de Paris, président de la *Société de prévoyance et de secours mutuels des Alsaciens-Lorrains*, à Paris ;

J. BERGER, de Paris, ancien président, membre du Comité de la *Société de réintégration des Alsaciens-Lorrains*, à Paris.

Secrétaire Général :....	M.	CH. NERLINGER, de Paris.
Secrétaire :...........	M.	le Dr BERNHEIM, de Paris.
Trésorier :............	M.	LANGLADE, de Paris.
Membres :...........	MM.	MAIRE, président de l'*Association amicale des Alsaciens-Lorrains*, à Avignon (Vaucluse) ;

— BITSCHINÉ, président de la *Société de secours mutuels l'Alsace-Lorraine*, à Nantes (Loire-Inférieure) ;

— METZ-JUTEAU, président de la *Société de gymnastique l'Alsacienne* " Quand même ! ", à Belfort ;

— A. MEYER, président de la *Société l'Alsace-Lorraine*, à Saumur (Maine-et-Loire ;

A. SEYFRIED, président de la *Société de secours mutuels des Alsaciens-Lorrains*, à Paris ;

— FIGENWALD, président de la *Colmarienne*, à Paris ;

— DIETZ, président des *Patriotes de la Moselle*, à Paris ;

— WAGNER, président de la *Société l'Union musicale d'Alsace-Lorraine*, à Paris ;

— GALLAND, président de la Société la *Chorale alsacienne*, à Paris ;

— KARL, président de la *Société amicale et philanthropique de la Vallée de Sainte-Marie-aux-Mines*, à Paris ;

— RENAC, trésorier de la *Société de prévoyance et de secours mutuels des Alsaciens-Lorrains*, à Paris.

Tous les membres présents, nommés aux diverses fonctions indiquées, déclarant accepter le mandat, le président lève la séance à une heure du matin.

Le Secrétaire de la Réunion,

VUILLAUME.

Vu :

Le Président de la Fédération,

PARIS. — IMP CHARLES SCHLAEBER, 257, RUE SAINT-HONORE